Die schönsten Schulgeschichten für Erstleser

Von lustigen Pausen und magischen Schulstunden

Liebe Eltern,

jedes Kind ist anders. Eines kennt bereits alle Buchstaben in der Vorschule und kann sie zu Wörtern formen. Ein anderes lernt das Abc beim Eintritt in die Schule. Für das spätere Leseverhalten ist das völlig unerheblich. Wichtig aber ist der Spaß am Lesen – und zwar von Anfang an. Darum muss sich die konzeptionelle Entwicklung von Lesetexten an den unterschiedlichen Lernentwicklungen der Kinder orientieren. Unser Bücherbär-Erstleseprogramm umfasst deshalb verschiedene Reihen für die Vorschule und die ersten beiden Schulklassen. Sie bauen aufeinander auf und holen die Kinder dort ab, wo sie sind. So wird der Lernprozess auch für den fortgeschrittenen Erstleser leichter und die Freude am Lesen hält ein Leben lang.

Die Geschichten in diesem Band richten sich an Leseanfänger in der 1. Klasse.

In Zusammenarbeit mit
westermann

Die schönsten Schulgeschichten
für Erstleser

Von lustigen Pausen und magischen Schulstunden

Arena

1. Auflage 2019
© Arena Verlag GmbH, 2019
Rottendorfer Straße 16, D-97074 Würzburg
Alle Rechte vorbehalten
Einbandillustration: Betina Gotzen-Beek
Gesamtherstellung: Westermann Druck Zwickau GmbH
ISBN 978-3-401-71363-2

www.arena-verlag.de

Inhalt

Ulrike Kaup

Schulgeschichten

Mit Bildern
von Betina Gotzen-Beek

Frau Boskop und ihr Krimskrams

Die Tür geht auf,
und da steht sie:
die neue Lehrerin.

In der Klasse
ist es mucksmäuschenstill.
29 Augenpaare beobachten,
wie sie den Klassenraum
betritt.

Die neue Lehrerin, findet Daniel,
sieht aus wie ein Packesel.

Eine alte Ledertasche hängt
über ihrer linken Schulter.

In der rechten Hand
hält sie einen Korb
mit Äpfeln.
Und mit dem linken Arm
drückt sie einen Holzkasten
an ihren Körper.

Den Korb und die Tasche stellt sie
auf den Boden vor die Tafel.
Den Holzkasten direkt
vor sich auf das Pult.

„Guten Morgen Kinder", sagt sie.
„Ich bin Maria Boskop,
eure neue Lehrerin."

„Boskop, so heißt der Apfelbaum
von meinem Opa auch", ruft Pia.
Da lachen die anderen Kinder,
und Pia wird rot.

10

Aber die neue Lehrerin
ist gar nicht böse,
dass man sie
mit einem Apfelbaum
verwechseln kann.
Ganz im Gegenteil.

Sie zeigt auf die Äpfel und sagt:
„Die sind für euch Kinder.
Greift zu, aber erst in der Pause,
sonst schmatzt ihr mir
schon jetzt
die Ohren voll!"

11

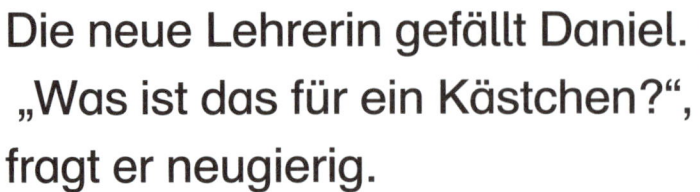

Die neue Lehrerin gefällt Daniel.
„Was ist das für ein Kästchen?",
fragt er neugierig.

„Das kannst du herausfinden",
sagt Frau Boskop geheimnisvoll
und winkt Daniel nach vorn.
„Du musst nur die Augen
schließen und hineingreifen."

Gespannt schaut die Klasse zu,
wie Daniels Hand
in dem Kästchen herumtastet.

„Lauter Krimskrams",
verrät er endlich,
während er allerlei Dinge befühlt.

„Nimm etwas heraus!",
sagt Frau Boskop
nach einer Weile.
Daniel hält etwas Rotes hoch.

„Ach, nur ein Radiergummi",
sagt er und schaut enttäuscht,
als hätte er eine Niete
gezogen.

„Ja", sagt Frau Boskop,
„das ist ein Radiergummi,
allerdings ein ganz besonderer.
Vor langer, langer Zeit
ist er nämlich verzaubert worden.
Von einer hässlichen Fee."

Und dann erzählt Frau Boskop
die Geschichte
vom bösen Radiergummi,
der Kinder nicht ausstehen konnte.
Der sich in ihre Bücher schlich
und heimlich Buchstaben
verschwinden ließ.

Einen nach dem anderen.
Bis die Kinder die Wörter
nicht mehr lesen konnten.
Und da verstanden sie
die Geschichte nicht mehr
und wurden sehr traurig,
ohne Geschichten.

Ganz still ist es jetzt in der Klasse.

„Keine Sorge", sagt Frau Boskop.
„Vom vielen Radieren
wurde der Radiergummi klein,
kleiner, klitzeklein.
Und als nur noch ein Stäubchen
übrig war, war der Fluch
der hässlichen Fee gebrochen.
Und aus dem bösen Radiergummi
wurde wieder ein ganz
gewöhnlicher Ratzefummel."

Damit legt sie den Radiergummi
zurück an seinen Platz in den Kasten.

„Darf ich auch mal etwas aus
dem Krimskrams fischen?",
fragt Pia.
„Und erzählen Sie dann
wieder eine Geschichte?",
will Hermann wissen.

„Ja, gerne", sagt Frau Boskop.
Sie freut sich wirklich.
Und dabei sieht sie
ein klein wenig aus wie
ein schöner, reifer Apfel.

Schweine-Pause

Heute soll jedes Kind
sein Lieblingstier vorstellen.
Daniel bringt bestimmt seine
Brillenschlange aus Plastik mit.
Und Laura malt sicher
ihren Cocker-Dackel Bertram.

Da hat Pia eine gute Idee.
Warum soll sie ihr Lieblingstier
nicht einfach gleich mitnehmen?
Es ist stubenrein, mag Kinder,
geht bei Fuß und bellt nicht.

Dann kann jeder sehen,
wie schön Kurt aussieht.
Kurt ist ihr kleines Hausschwein.

Mama hat nichts dagegen.

„Kurt ist intelligent
und anhänglich", sagt sie immer,
wenn einer die Nase rümpft.
„Mit Kurt kann man sich
überall blicken lassen."

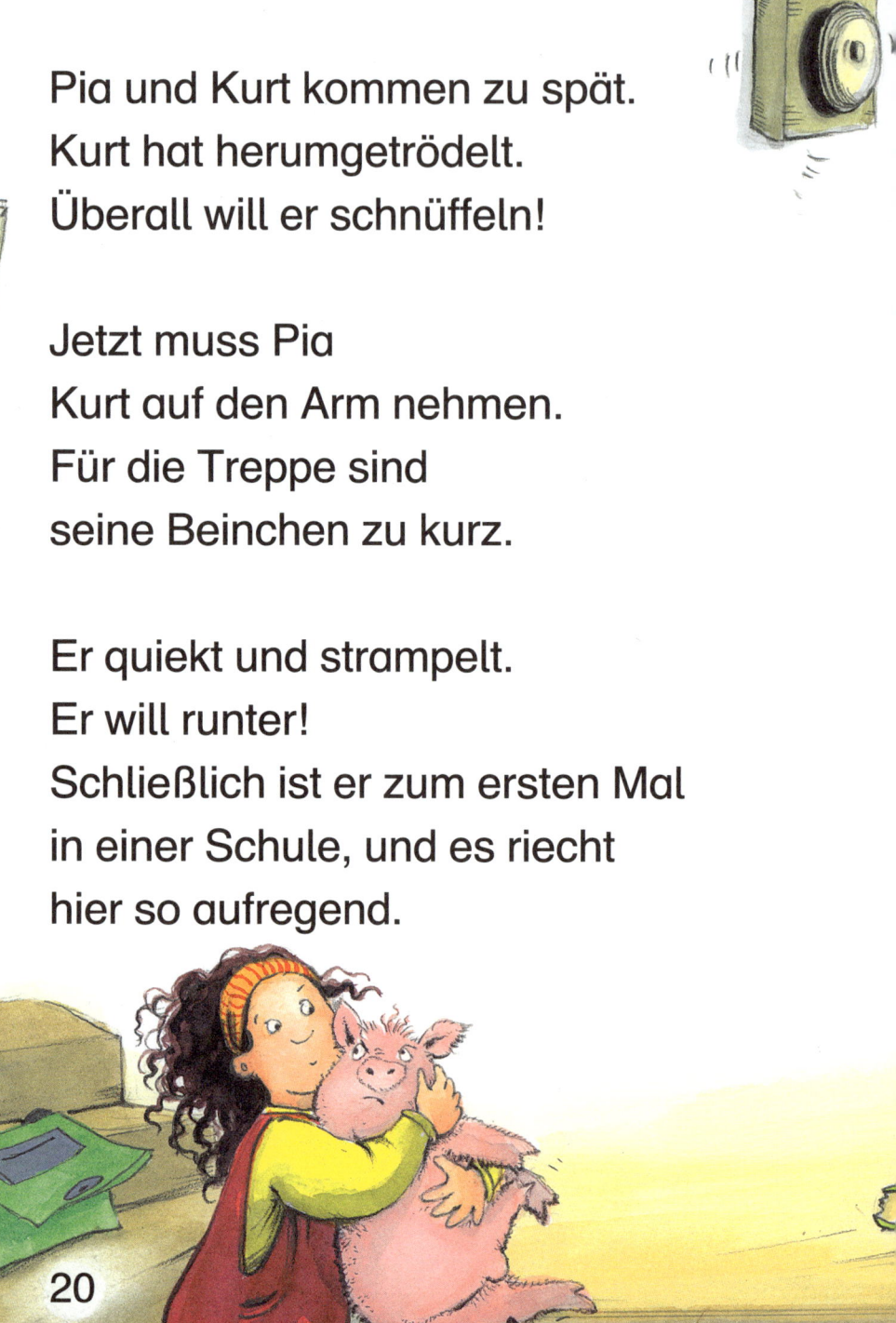

Pia und Kurt kommen zu spät.
Kurt hat herumgetrödelt.
Überall will er schnüffeln!

Jetzt muss Pia
Kurt auf den Arm nehmen.
Für die Treppe sind
seine Beinchen zu kurz.

Er quiekt und strampelt.
Er will runter!
Schließlich ist er zum ersten Mal
in einer Schule, und es riecht
hier so aufregend.

Und als Pia die Klassentür öffnet,
befreit sich Kurt und saust
als Erster in die Klasse.
Geradewegs zu Frau Boskop!

Mit seinem weichen Rüssel
stupst Kurt so lange gegen ihre Beine,
bis sie ihn zärtlich
über den rosa Rücken streichelt.

Frau Boskop weiß gar nicht,
was sie sagen soll.

Die Kinder kichern
und fragen, ob sie das Schwein
auch mal streicheln dürfen.

Kurt hat es sich bei
Frau Boskop bequem gemacht.
Jetzt knabbert er an ihren Schuhen.
„Kurt hat Hunger", sagt Daniel.
„Er braucht etwas
zu essen."

Das leuchtet Frau Boskop ein.
Sie isst schließlich auch gerne.

„Holt euer Frühstück raus", sagt sie.
„Wir machen jetzt
Schweine-Pause!
Und Kurt darf
von jedem probieren."

Kurt grunzt vor Vergnügen.
Er spaziert von einem zum anderen
und lässt es sich
so richtig schmecken.

Nach Leberwurst
und Tomaten
ist er ganz verrückt.

Aber am liebsten mag er
Müsliriegel mit Banane.

Nach der Pause legt sich Kurt
unter Pias Tisch
und macht ein Nickerchen.
Die anderen Kinder
wollen alles über Kurt wissen
und fragen Pia Löcher in den Bauch.

„Schade, dass Kurt nicht
jeden Tag hier sein kann",
sagt Daniel.
„Dann hätten wir
viel länger Pause!"

Friederun Reichenstetter
Schulhofgeschichten

Mit farbigen Bildern
von Jutta Garbert

Wo ist die rote Fahne?

„Pause ist das Schönste an der Schule",
sagt mein Freund Stefan.
Stimmt, denn da ist immer was los.

Im Klassenzimmer ist zwar auch was los.
Nämlich Rechnen und Schreiben und so.
Das macht Spaß.
Aber Pause ist doch besser.

Wir haben in unserer Schule
zwei Pausenplätze:
Einen genau vor unserem Klassenzimmer.

Der ist nur für die Erstklässler.

Und dann haben wir noch
den Fußballplatz.

Das ist eine richtige Wiese.

Wenn es geregnet hat,
steckt Herr Bosse, unser Hausmeister,
in diese Wiese eine kleine rote Fahne.

Das bedeutet: HEUTE NICHT BETRETEN.

Nasser Rasen geht nämlich
schnell kaputt,
wenn man darauf herumtrampelt.

Gestern hat es wieder einmal geregnet.

Alle haben wir uns gewundert,

dass auf der Fußballwiese

keine rote Fahne steckte.

Deshalb haben wir auch Fußball gespielt.

„Schaut mal",
sagte Stefan plötzlich,
„da kommt Herr Bosse angerannt!"

Der hat gar nicht freundlich ausgesehen
und schon von Weitem gebrüllt:
„Seht ihr nicht die rote Fahne?"

„Da ist keine rote Fahne",
antwortete Evi,
die vor nichts Angst hat.

„Wer hat die Fahne weggetan?"
Mich sah Herr Bosse
besonders scharf an.
„Raus mit der Sprache, Daniel!",
hat er gedonnert.

Da fing die Evi zu lachen an.

Sie lachte und lachte

und deutete auf das Schuldach hinauf.

Und dann fingen wir anderen

auch alle zu lachen an.

Nur Herr Bosse nicht.

Weil der mit dem Rücken

zur Schule stand.

Deshalb konnte er

nicht sehen,

dass auf dem Dach

eine große Rabenkrähe saß.

Und in ihrem Schnabel hatte sie

die kleine rote Fahne!

Der Unfall

Neulich ist bei uns in der Pause

was ganz Komisches passiert.

Zuerst haben einige geheult,

aber hinterher mussten wir lachen.

Und wenn wir jetzt daran denken,

kichern wir noch immer.

An diesem Tag haben fast alle

aus unserer Klasse

Fangen gespielt.

Nur drei,

nämlich Hansi, Florian und Leo,

haben lieber Fußballkarten getauscht.

Das machen sie immer.

Sie haben auch

ganz furchtbar viele davon

und geben ziemlich damit an.

Wenn man jemand fängt,
wird der versteinert.
Er darf sich nicht mehr
von der Stelle rühren,
bis er erlöst wird.

Erlösen geht so:
Jemand muss
zwischen den gegrätschten Beinen
vom Versteinerten durchkrabbeln.
Erst dann ist er entsteinert
und darf weiterrennen.

Auf jeden Fall war die Woba versteinert,
und die Evi wollte sie erlösen.
Weil die Evi aber viel größer
und breiter ist als die Woba,
ist sie zwischen den Beinen der Woba
einfach stecken geblieben.

Da ist der Evi
nichts anderes mehr übrig geblieben,
als aufzustehen.

Die kleine Woba saß dann
auf Evis Schultern,
obwohl sie das überhaupt nicht wollte.
Darüber musste die Evi so lachen,
dass sie nicht mehr richtig
aufpassen konnte.

Deshalb ist sie
mit dem Stefan zusammengestoßen.
Der Stefan und die Evi
mit Woba auf der Schulter
sind völlig
aus dem Gleichgewicht geraten.
Gemeinsam sind sie
genau in die Ecke geflogen,
wo Hansi, Leo und Florian
Karten tauschten.

Natürlich sind denen nicht nur
die Karten aus den Händen gefallen,
sondern sie selbst
lagen auch auf dem Boden.

Zum Schluss haben sich
noch ein paar andere
auf die ganze Bescherung
plumpsen lassen.

Das war ein Durcheinander!
Frau Schultz wusste gar nicht,
was sie zuerst tun sollte:
den Leo trösten,
dem ein paar von seinen
besten Karten
zerrissen waren.
Oder das aufgeschlagene Knie
von Woba verpflastern.

Oder die Nase von Stefan verarzten,
die wie verrückt blutete.
Als dann niemand mehr heulte,
hat zuerst Evi zu lachen angefangen,
dann Woba, und zum Schluss
haben wir uns alle vor Lachen
auf dem Boden gewälzt.
Nur Frau Schultz nicht.
Aber ich glaube,
sie hätte es auch gern getan.

Manfred Mai

Philipp darf nicht petzen

Mit farbigen Bildern
von Mechthild Weiling-Bäcker

Philipp weiß nicht mehr weiter

Frau Huber geht durch die Reihen
und kontrolliert die Hausaufgaben.
Philipp schaut nicht auf,
als die Lehrerin
neben ihm stehen bleibt.
„Wo ist denn dein Heft?",
fragt sie.
„Ich hab's vergessen",
murmelt Philipp.

„Schon wieder?"
Frau Huber schüttelt den Kopf.
„Morgen bring ich's mit",
sagt Philipp schnell.
„Ganz bestimmt."
Frau Huber schaut ihn
nachdenklich an.
„Also gut."
Philipp atmet auf.
Doch ein ungutes Gefühl
im Bauch bleibt.
Frau Huber wird bestimmt denken,
er sei ein Schlamper.
Und das bedrückt ihn,
denn er mag seine Lehrerin.
Trotzdem kann er nicht sagen,
warum er sein Matheheft
nicht dabeihat.

Philipp kann mit niemandem
darüber sprechen.
Er hat einfach zu viel Angst
vor Hannes, Ramon und Tommi.
Sie sind die Ältesten in der Klasse
und erpressen Philipp.
Zwei Wochen geht das nun schon.
Zuerst haben sie ihm jeden Tag
sein Pausenbrot weggenommen.

Dann wollten sie Geld.
Als Philipps Taschengeld
zu Ende war und er
nicht mehr zahlen konnte,
haben die drei
seinen Schulranzen geplündert
und dabei sein Matheheft zerrissen.
Und wenn er morgen
wieder kein Geld bringt
oder sie verpetzt,
dann wollen sie zur Strafe
sein neues Fahrrad demolieren.
Philipp weiß nicht mehr weiter.
Am liebsten möchte er weg sein,
ganz weit weg.

Philipp hat Bauchweh

„Philipp, aufstehen!", ruft Mama.
Philipp tut so, als höre er nichts.
Er kriecht noch tiefer
unter die Bettdecke.
„Philipp, es ist höchste Zeit!"
Mama steht vor Philipps Bett
und hebt die Decke hoch.
„Was ist denn heute los mit dir?"

„Ich hab Bauchweh", klagt er
und zieht die Decke
wieder zu sich hinunter.
„Bauchweh?"
Mama schaut Philipp in die Augen.
„Ich kann nicht aufstehen",
nuschelt Philipp ins Kissen.
Mama setzt sich auf die Bettkante.
„Warum willst du denn
nicht in die Schule?
Schreibt ihr vielleicht
eine Klassenarbeit?"
Er schüttelt den Kopf.
„Hat Frau Huber dich geschimpft?"

„Nein."
„Hat dir sonst jemand etwas getan?"
Philipp schweigt
und dreht sich zur Seite.

Mama streichelt ihn liebevoll.
„Wenn ich dir helfen soll,
musst du mir schon sagen,
was passiert ist."
„Ich hab Bauchweh."
Sie dreht Philipps Kopf,
da sieht sie die Tränen
in seinen Augen.
„Philipp, was ist los?
Du weinst doch nicht,
weil du Bauchweh hast."
„Ich geh nicht mehr in die Schule.
Nie mehr!", schluchzt er.
Mama erschrickt.

Philipp darf nicht petzen

Mama schaut Philipp an
und sagt ein wenig lauter:
„Ich möchte jetzt wissen,
was passiert ist."
„Ich darf nicht petzen",
antwortet Philipp leise.
Mama rüttelt ihn am Arm.

„Wenn jemand gemein zu dir war,
musst du es sagen!
Das ist nicht gepetzt!"
Philipp wischt sich die Tränen ab.

Mama streicht ihm noch mal
übers Haar.
„Es geht dir bestimmt besser,
wenn du alles erzählt hast",
ermuntert sie ihn.
Zögernd und stockend
berichtet Philipp,
was passiert ist.
„Und jetzt wollen sie
noch mehr Geld",
sagt er schließlich.
„Das kann doch wohl
nicht wahr sein!",
ruft Mama fassungslos.
Sie steht auf. „Wie heißen die drei?"
„Das darf ich nicht sagen."
Mama nimmt seine Hand.
„Philipp, sei vernünftig ..."

Doch er zieht seine Hand weg.
„Nein!"
Mama seufzt.
„Und wie soll es jetzt weitergehen?
Du kannst doch nicht einfach
zu Hause bleiben."
„Vielleicht suchen sie einen anderen,
wenn ich ein paar Tage
nicht da bin", murmelt Philipp.
„Das ist nun wirklich keine Lösung",
entgegnet sie.
„Solchen Kerlen
muss man
das Handwerk legen,
sonst suchen die sich
immer neue Opfer."
Philipp schweigt.

„Komm", sagt sie,
„zieh dich an, ich bring dich …"
„Nein!", schreit Philipp.
„Das darfst du nicht!
„Sonst schöpfen sie
gleich Verdacht."
„Hm", macht Mama und überlegt.
„Nun zieh dich erst mal an,
dann sehen wir weiter."

Philipp trottet zum Schrank
und holt seine Anziehsachen.
Er hört, dass seine Mutter telefoniert.
Sie spricht mit Frau Huber
und berichtet,
was Philipp erzählt hat.
„Vielen Dank, Frau Huber",
hört er sie sagen.
„Ich fahre Philipp ab heute
mit dem Auto zur Schule."
Bevor sie gehen,
gibt sie Philipp fünf Euro.
„Damit kannst du die Kerle
noch mal ruhig stellen.
Aber eine Dauerlösung ist das nicht."
Philipp nickt dankbar
und steckt das Geld ein.

Drei gegen einen

„Halt!", sagt Philipp,
bevor Mama
in die Schulstraße einbiegt.
„Lass mich hier aussteigen,
sonst sehen sie,
dass du mich bringst."
Mama will noch etwas sagen,
aber Philipp ist schon draußen.
Am liebsten wäre Philipp unsichtbar.

Seine Augen suchen den Schulhof ab.
Da! Sie kommen gerade
aus der Toilette.
Er geht schnell in Richtung Eingang.
An der Treppe
haben sie Philipp erreicht.
„Hallo, Kleiner!", sagt Hannes.
Philipp will einfach weitergehen,
aber Tommi packt ihn am Ärmel.

„In der Pause
bei den Fahrradständern",
zischt Ramon. „Du weißt schon."
Philipp reißt sich los
und läuft die Treppe hoch.
Da läutet es.
Die Schülerinnen und Schüler
drängen ins Schulhaus,
und Philipp wird mitgeschoben.
Im Klassenzimmer setzt er sich
sofort an seinen Platz.
Nach und nach kommen
die anderen Kinder hereingetrödelt,
zuletzt auch Hannes,
Tommi und Ramon.
Als Hannes an Philipp vorbeigeht,
gibt er ihm einen Klaps
auf die Schulter.

Es sieht ganz harmlos aus.
So als wäre Tommi
Philipps Freund.
Doch Philipp zuckt zusammen.
„Was ist denn los?",
fragt Philipps Banknachbar Lukas.
„Nichts."
„Du hast doch was", sagt Lukas.
„Lass mich in Ruhe!"

„Guten Morgen, Kinder!",
grüßt Frau Huber.
Sie wartet, bis es ruhig ist.
„Bevor wir
mit dem Unterricht anfangen,
muss ich euch
etwas Wichtiges sagen",
beginnt sie.

„An unserer Schule soll es
Schüler geben,
die anderen Kindern
Sachen wegnehmen
oder Geld von ihnen verlangen."
Schon bei diesen ersten Worten
wird es Philipp heiß.
Frau Huber spricht dann
von Diebstahl und Erpressung.
Jetzt denken sie bestimmt,
ich hätte sie verpetzt,
schießt es ihm durch den Kopf.
Dann ... dann ... dann ...
schwirrt es nur noch in ihm.
Er hat das Gefühl, zu schrumpfen.
Wie aus weiter Ferne hört er
Frau Huber reden.

Wie im Krimi

Als es zur großen Pause läutet,
geht Philipp als Letzter
aus dem Klassenzimmer.
Nur Frau Huber sitzt
noch an ihrem Pult.
„Philipp, möchtest du mir
nichts sagen?",
spricht sie ihn an.

Er schüttelt nur den Kopf.
„Ich will dir doch helfen", sagt sie.
Philipp schaut zu Boden.
„Sind die drei Erpresser
in unserer Klasse?",
fragt Frau Huber.
Philipp guckt sie mit
großen Augen an.
Dann schüttelt er heftig den Kopf.
„Überleg's dir noch mal", sagt sie.
„Ich warte nach der Pause
vor dem Lehrerzimmer auf dich."
In Philipps Kopf
fahren die Gedanken Karussell.
Er trottet auf den Schulhof
und wie von einer
unsichtbaren Hand geführt
zu den Fahrradständern.

Hannes, Tommi und Ramon
erwarten ihn schon.
„Du hast gepetzt ..."
„Nein!" Philipp hebt die Hände
wie zum Schutz.
„Klar hast du gepetzt",
behauptet Hannes.
„Sonst hätte die Huber
nicht so viel gequasselt."

„Ich hab nicht gepetzt, Ehrenwort!"
„Wenn du uns anlügst,
werden wir dich bestrafen",
droht Hannes.
Er macht ein Gesicht
wie die fiesen Typen
in Fernsehkrimis.

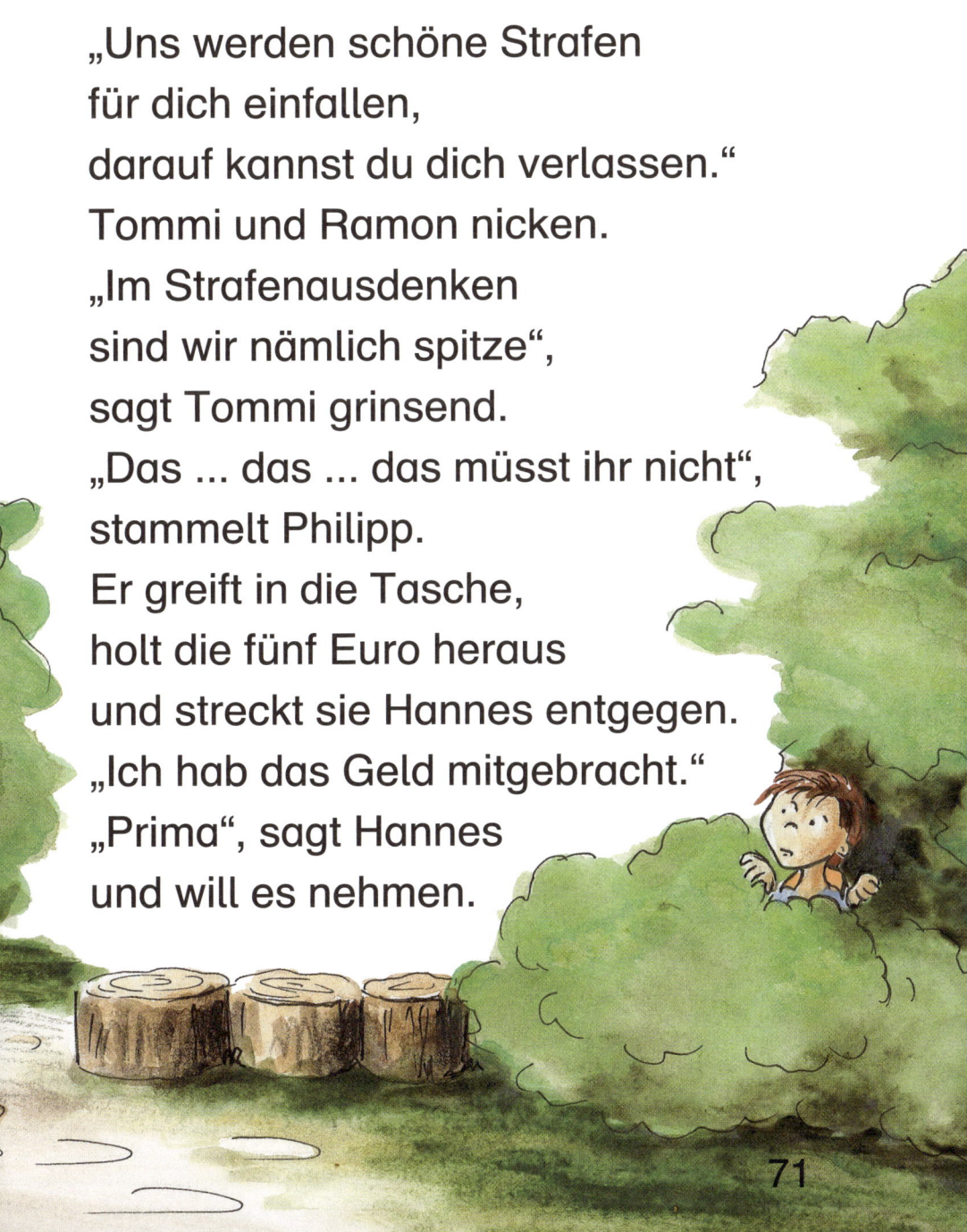

„Uns werden schöne Strafen
für dich einfallen,
darauf kannst du dich verlassen."
Tommi und Ramon nicken.
„Im Strafenausdenken
sind wir nämlich spitze",
sagt Tommi grinsend.
„Das ... das ... das müsst ihr nicht",
stammelt Philipp.
Er greift in die Tasche,
holt die fünf Euro heraus
und streckt sie Hannes entgegen.
„Ich hab das Geld mitgebracht."
„Prima", sagt Hannes
und will es nehmen.

Frau Huber will helfen

Plötzlich steht Frau Huber da.
„Was geht hier vor?
Philipp, warum gibst du
Hannes Geld?"
„Ich ... ich ... weil ...",
stottert Philipp.
„Weil das mein Geld ist",
behauptet Hannes frech.
„Dein Geld?",
fragt Frau Huber zweifelnd.
„Wieso dein Geld?"
„Das hab ich ihm gestern geliehen",
lügt Hannes weiter.

„Und jetzt hat er es mir
zurückgegeben."
Frau Huber möchte von
Philipp wissen, ob das stimmt.
Philipp schaut von der Lehrerin
zu Hannes und wieder zur Lehrerin.
Dann nickt er.
„Und wozu hast du
das Geld gebraucht?",
bohrt Frau Huber weiter.

„Ich ... ich wollte mir etwas kaufen."
„Was denn?"
„Philipp nascht gern",
antwortet Hannes für Philipp.
„Er wollte sich Süßigkeiten kaufen."
Frau Huber greift nach Hannes'
Hand und öffnet sie.
„Für fünf Euro?"
„Süßigkeiten sind teuer",
sagt Hannes.
„Du hältst jetzt besser mal
deinen vorlauten Mund!",
sagt Frau Huber.
Sie ist sicher, dass Hannes lügt.
Aber solange Philipp schweigt,
kann sie das nicht beweisen.

Ist Philipp ein Dieb?

Endlich ist die Schule aus.
Als Philipp auf dem Gang
seine Jacke anzieht,
gehen Hannes, Tommi und Ramon
ganz dicht an ihm vorbei.

Hannes zischt:
„Morgen bringst du
die fünf Euro mit,
die Tommi dir ausgeliehen hat.
Ist das klar!"
„Aber ich ..."
„Fünf Euro",
fällt ihm Hannes ins Wort,
„sonst ist dein Fahrrad
ein Schrotthaufen!"
Und schon sind sie weg.
Philipp spürt,
wie ihm die Tränen kommen.
Schnell läuft er nach draußen,
damit ihn niemand anspricht.
Hinter der nächsten Ecke
steht seine Mutter
und wartet auf ihn.

„Du sollst mich nicht abholen",
sagt Philipp.
„Wie war's?", fragt Mama.
„Ich hab ihnen
die fünf Euro gegeben,
und jetzt lassen sie mich in Ruhe",
antwortet Philipp.
Wieder möchte Mama
die Namen der drei Jungen wissen.
Aber Philipp schweigt.

Zu Hause verschwindet er gleich
in seinem Zimmer
und holt sein Sparschwein vom Regal.
Er hält es mit dem Schlitz nach unten
und schüttelt es kräftig,
aber vergeblich.
„Mist!", schimpft er,
nimmt ein Lineal und will es
in den Schlitz zwängen.
Aber das Lineal ist zu dick.
Dann montiert er
einen Kugelschreiber auseinander,
nimmt die Mine und stochert
in dem Sparschwein herum.
Auch so klappt es nicht.
Enttäuscht wirft er
das Sparschwein auf sein Bett,
dass es nur so scheppert.

„Ich muss das Geld haben",
murmelt er
mit Tränen in den Augen.
Philipp schleicht hinaus
und guckt vorsichtig in die Küche.
Seine Mutter steht am Herd.
Auf leisen Sohlen geht er
zu dem Schränkchen
neben der Wohnungstür.
Dort liegt Mamas Handtasche.

Er dreht sich um
und schaut zur Küchentür.
Mama ist nicht zu sehen.
Da greift er nach der Handtasche,
zögert, schluckt
und schaut noch einmal zurück.
Dann klappt er sie auf
und nimmt die Geldbörse heraus.

Sein Mund ist trocken,
sein Herz hämmert,
ihm wird beinahe schwindlig.
Mit zitternden Fingern
sucht und findet er fünf Euro.
Philipp nimmt sie heraus,
steckt sie in die Hosentasche
und will die Geldbörse
in die Handtasche zurücklegen.
„Was machst du denn da?"
Der Satz trifft Philipp
wie ein Faustschlag.
Alles dreht sich in und um ihn,
er glaubt, zu schweben.
Die Geldbörse gleitet ihm
aus den Händen,
seine Beine werden weich
wie Pudding.

Er sinkt in sich zusammen
und kauert auf dem Boden,
wie ein Häufchen Elend.
„Hast du etwa ..."
Mama spricht nicht weiter,
hockt sich zu Philipp auf den Boden
und drückt ihn an sich.
„Sie wollen wieder Geld von dir,
stimmt's?"
Philipp nickt und beginnt,
hemmungslos zu schluchzen.
Es dauert lange, bis er ruhiger wird.
Dann greift er in seine Hosentasche
und holt die Geldstücke heraus.
„Mama, das wollte ich nicht",
nuschelt er.
„Ich weiß", sagt Mama,
„du bist doch kein Dieb.

82

Aber du siehst,
was die drei aus dir machen,
wenn du dir nicht helfen lässt."
Philipp nickt und murmelt:
„Es sind Hannes,
Tommi und Ramon."

Ende gut, alles gut?

Am nächsten Morgen
ruft Frau Huber
Philipp, Hannes,
Tommi und Ramon nach vorn.
„Wir gehen jetzt ins Rektorat",
erklärt sie knapp.
„Und ihr verhaltet euch ruhig!",
sagt sie zum Rest der Klasse.
„Nehmt euch die Rechenaufgaben
von Seite 73 vor!"

Auf dem Weg
ins Rektorat
werfen Hannes,
Tommi und Ramon
Philipp böse Blicke zu.
Aber niemand
sagt ein Wort.
Die Schulleiterin
wartet schon.
Neben ihr steht
ein Polizeibeamter.
Plötzlich gucken Ramon und Tommi
gar nicht mehr böse,
sondern ängstlich.
„Na, habt ihr uns etwas zu sagen?",
fragt die Schulleiterin.
„Ich ... ich ... das ...",
stammelt Ramon.

„Psst!", zischt Hannes.
Ramon zuckt zusammen
und schweigt.
„Wir warten!",
sagt die Schulleiterin scharf.
Als die drei weiter schweigen,
spürt Philipp eine Wut
in sich wachsen.
Die Wut wird immer größer.
Am liebsten würde er
alle drei verprügeln.
Das tut er aber nicht,
sondern er redet.
Die Worte sprudeln nur so
aus ihm heraus.
„Und jetzt wollen sie
mein Fahrrad kaputt machen",
sagt er zum Schluss.

„Mein neues Fahrrad!"
Ein paar Augenblicke lang
herrscht Stille.
„War es so,
wie Philipp erzählt hat?",
fragt die Schulleiterin.
Ramon und
Tommi nicken.
Hannes zögert noch,
dann nickt er auch.

„Das ist ja wirklich ein starkes Stück
für Jungen in eurem Alter",
sagt die Schulleiterin.
Dann deutet sie
auf den Polizisten.
„Ich werde mit Herrn Leibinger
überlegen, was in diesem Fall
zu tun ist.
Ihr könnt jetzt gehen."
Als die Jungen schon
in der Tür sind,
sagt die Schulleiterin:
„Einen Augenblick noch!

Ich kann mir gut vorstellen,
was ihr jetzt denkt.
Aber lasst euch bloß nicht einfallen,
Philipp zu bestrafen!
Vergesst diesen Gedanken
ganz schnell!"
„Das ist ein guter Rat",
sagt der Polizist.
„Ich bin sicher,
ihr seid klug genug und befolgt ihn."

Achim Bröger

Nickel spielt Lehrerin

Mit farbigen Bildern
von Silke Brix

1. Kapitel

Nickel liegt auf ihrem Hochbett.

„Hallo, Zottel", flüstert sie.

Aber ihr alter Teddybär

antwortet nicht.

Nickel streichelt sein Fell

und sagt leise:

„Ein Jahr

gehe ich schon zur Schule.

Aber so doof wie heute

war es noch nie!"

Am liebsten möchte Nickel
aus dem doofen Tag
einen guten Tag zaubern.
Deshalb sagt sie:
„Pass auf, Zottel,
wir besuchen unseren Freund,
den Herrn Siemon!
Wir müssen nur
durch die Geheimtür hier."
Nickel zeigt auf zwei helle Streifen
in der Tapete neben ihrem Bett.
Wirklich, das sieht aus,
als wäre da eine kleine Tür.
Und diese Geheimtür
kennen nur Nickel und Zottel.
Sogar für die Eltern
und für Nickels großen Bruder
ist sie streng geheim.

Vorsichtig klopft Nickel an die Tür.
Da hört sie eine Männerstimme:
„Herein, wenn's die Nickel ist!"
Nickel nimmt ihren Teddy
und schnippt einmal
mit den Fingern.

Schon öffnet sich die Geheimtür.
Rasch tritt Nickel
in den Raum hinter ihrer Wand.
Die Tür schließt sich
mit lautem Knarren.
Nickel blickt sich um.
Sie steht in einem langen Flur.
Der ist voll mit alten Möbeln,
mit Büchern und Bildern.
Und am Schreibtisch vor ihr
sitzt Herr Siemon.
Fast sieht er aus wie Nickels Papa.
Nur größer ist er,
und schwarze Haare hat er,
mit vielen Locken.
„Grüß dich, Nickel!
Hallo, Zottel",
sagt Herr Siemon.

„Du bist wohl eben
aus der Schule gekommen?"
Nickel setzt sich auf den Sessel
vor dem Schreibtisch.
Herr Siemon
schenkt ihr Limonade ein,
und Nickel erzählt:
„Heute hat mich
die Lehrerin ausgemeckert,
weil ich in Mathe was nicht konnte.
Und danach hat sie mich
noch mal ausgemeckert,
weil der doofe Basti
an meinen Haaren gezogen hat."

„Also, das finde ich ungerecht",
sagt Herr Siemon.

„Na ja", sagt Nickel,
„ich hab ihn sofort
ans Bein getreten,
den Basti."

„Ach so", sagt Herr Siemon.
„Natürlich hat die Lehrerin
das gesehen.
Aber sie hat nicht gesehen,
dass Basti an deinen Haaren
gezogen hat.
Stimmt's?"

„Genau", antwortet Nickel.
„Und weil Frau Merkel
so gemeckert hat,
will ich bei dir
was probieren."

Herr Siemon hört gespannt zu,
was Nickel weiter sagt:
„Ich glaube,
Frau Merkel weiß gar nicht mehr,
wie das als Schulkind ist.
Die anderen Lehrer
wissen es bestimmt auch nicht.
Deswegen sollen die
jetzt mal selber Schüler sein."

Herr Siemon lacht.
„Und du wirst ihre Lehrerin?",
fragt er.
Nickel nickt und freut sich.
Ein Glück, dass sie das
hinter der geheimen Tür
bei Herrn Siemon
ausprobieren kann.
Na ja – hier kann sie ja überhaupt
alles ausprobieren.
Am besten geht das,
wenn ihre Eltern
und der große Bruder
nicht zu Hause sind,
so wie eben.
Die kaufen nämlich gerade ein.
Nickel, Zottel und Herr Siemon
gehen den geheimen Flur entlang.

Vor einer Tür bleiben sie stehen.
„Hier müsst ihr hinein",
sagt Herr Siemon.
„Dann geht dein Wunsch
in Erfüllung.
Viel Spaß!"

2. Kapitel

Nickel steht
in einem Klassenraum.
Vor ihr sitzen nur drei Schüler,
und die sind sehr groß.
In der ersten Reihe
sitzt die dünne Frau Rolf.
Das ist Nickels Sportlehrerin.
Hinter ihr versteckt sich
Nickels Klassenlehrerin,
Frau Merkel.

In der letzten Reihe
thront Direktor Weferling.
Wie immer
trägt er einen dunklen Anzug
und eine Krawatte mit Punkten.

Zuerst setzt Nickel
ihren Teddy Zottel
auf den Lehrertisch.
Dann sagt sie:
„Guten Morgen, liebe Schüler!"
„Guten Morgen, Frau Nickel",
antwortet die Klasse.
Nickel verkündet:
„Wir fangen mit Mathe an."
Sofort verbessert Frau Merkel sie:
„Es heißt Mathematik."
Direktor Weferling lobt:
„Gut erkannt, liebe Kollegin!"
Nickel schüttelt den Kopf.
„Der Schüler Dicke Backe
und die Schülerin Mecker
stören den Unterricht",
mahnt sie.

Über die Spitznamen
muss die dünne Frau Rolf
in der ersten Reihe
laut lachen.
Sie lacht, bis Nickel schimpft:
„Strich, sei ruhig!
Bei diesem Lärm
kann man nichts verstehen!"

Jetzt beginnt sie endlich
mit Mathe.
Sie fragt:
„Wie viel ist neun minus fünf?"
„Vier", antwortet Dicke Backe
blitzschnell.
„Gut gelernt, mein Junge",
sagt Nickel.
„Aber bitte melde dich
beim nächsten Mal!"
„So ein Streber",
murmelt die Schülerin Strich
dazwischen.
„Der will wohl was Besseres sein."
Nickel stellt den Schülern
die nächste Aufgabe.
„Wer von euch kann ...?"
„Ich!", ruft Dicke Backe wieder.

Er ist aber sofort ruhig,
als Nickel ihn streng ansieht.
Und dann hat sie eine tolle Idee.
„Wer von euch ...
wer kann
über Tische und Bänke gehen?
Und zwar mit Geschrei?"
Nun meldet sich niemand.
Doch Nickel deutet
auf den Schüler
in der letzten Reihe,
und sie sagt:
„Du zeigst uns das mal!"

Dicke Backe zieht
ein komisches Gesicht.
„Über Tische und Bänke gehen ...
ach du Schreck!"
Da fällt ihm ein:
„Hier gibt's ja gar keine Bänke,
es gibt nur Stühle!"
„Dann gehst du eben
über Tische und Stühle!",
bestimmt Nickel.

Der Rest der Klasse
wartet gespannt.
Langsam erhebt sich Dicke Backe
und sagt:
„Ich will wissen,
warum ich das lernen soll."
„Das klingt ganz schön frech",
sagt Nickel.
„Stell dir vor,
die Schüler würden immer sagen:
‚Warum soll ich das lernen?'
Wenn du so weitermachst,
benachrichtige ich
deine Eltern!"
Jetzt muss der Schüler
Dicke Backe vormachen,
wie er mit Geschrei
über Tische und Stühle geht.

Erst guckt er
seinen Stuhl genau an.
Dann hebt er ein Bein.
„Darf ich wirklich hinaufsteigen?",
fragt er.
„Ja", sagt Nickel.
„Erst das rechte Bein hoch,
danach das linke.
Los!"
Es dauert gar nicht mehr lange,
und Dicke Backe
steht auf dem Stuhl.
Er sieht aus wie ein Denkmal.
Stolz guckt er in die Klasse,
und er sagt:
„Dafür will ich eine Eins."
Nickel runzelt die Stirn.
Sie sagt:

„Das nennst du
mit Geschrei über Tische
und Stühle gehen?
Du musst dir mehr Mühe geben!
Hüpf runter ... ja, so ...
und mit Schwung
auf den nächsten Stuhl!
Siehst du, es geht doch."

Dicke Backe wälzt sich
über den Tisch.
„Wie ein Nilpferd",
kichert Nickel.
Da ruft die Schülerin Mecker:
„Das Nilpferd fangen wir!"
Die Klasse kommt in Fahrt.
Mit Anlauf
geht es über Tische und Stühle,
hin und her, rauf und runter.
Zuletzt sind alle außer Atem.
Und Nickel,
die Lehrerin,
sagt:
„Das war ganz ordentlich!"
Richtig zufrieden
ist Nickel aber noch nicht.
Sie meint:

112

„Ich hatte gesagt, mit Geschrei.
Davon habe ich nichts gehört.
Also, wie klingt das?"

Dicke Backe konzentriert sich
und holt Luft.
Endlich murmelt er:
„Juhu."

„Wie eine verirrte Waldeule",
sagt Nickel.
„Geht es etwas lauter?"
Wieder konzentriert sich
der Schüler.
Dann ruft er laut:
„Ju-hui!"

114

Damit ist die Lehrerin
einverstanden.
Erleichtert setzen sich alle
auf ihre Plätze.
Aber Dicke Backe
sagt noch nachdenklich:
„Ich glaube,
ich konnte so etwas früher.
Ich spüre das."

3. Kapitel

„Als Nächstes
erfinden wir Ausreden",
verlangt Nickel.
Doch die Schülerin Mecker
wehrt sich:
„Ausreden habe ich nicht nötig."
„Wirklich nie?", fragt Nickel.
„Manchmal
ist die Wahrheit doch peinlich.
Dann braucht man eine Ausrede."

Die beiden anderen nicken.

Das kennen sie.

Nickel sagt:

„Frau Merkel ...

äh, Schülerin Mecker,

wir stellen uns vor,

du kommst zu spät zum Unterricht.

Und du brauchst eine Ausrede.

Na, fang an!"

„Ich ... ich bin leider

zu spät gekommen,

Frau Nickel, weil ... weil ..."

„Dir haben sie wohl

die Idee geklaut",

ruft die Schülerin Strich.

Mecker klagt:

„Die hat mich unterbrochen,

und alle gucken mich so an.

Das ist gemein!"
Geduldig fragt Nickel:
„Also, warum kommst du zu spät?"
„Weil ...
ich habe meine Schnürsenkel
nicht zubekommen",
fällt der Schülerin ein.
Nickel zuckt die Achseln.
„Das gibt eine Vier."
Danach meldet sich Dicke Backe.
„Ich bin zu spät gekommen,
weil ich die Schule
nicht gefunden habe.
Das stimmt wirklich", sagt er.
„Ich habe mich nämlich
im Nebel verlaufen.
Der ist inzwischen aber weg,
der Nebel."

Immer schneller redet er:
„Außerdem
hat meine kleine Schwester
meine Hose versteckt."
„Eine gute Ausrede", lobt Nickel.

Dann kommt
die Schülerin Strich dran.
Sie sagt:
„Ich musste
mein Meerschweinchen Kalli
zum Tierarzt bringen.

Und ich musste
meinen Bruder wecken,
weil sein Wecker
ins Badewasser gefallen ist.
Außerdem ist die Straßenbahn
nicht gekommen."

Da schaut sie richtig traurig,
die Schülerin Mecker.
Alle haben gute Ausreden,
nur sie nicht!
Schule ist ganz schön schwer ...

Nickel will noch etwas wissen:
„Mecker", sagt sie,
„hast du deine Hausaufgaben
gemacht?"

Mecker überlegt eine Ausrede.

„Welche Hausaufgaben?", fragt sie.

„Ich ... nein, ich ..."

Dicke Backe antwortet
an ihrer Stelle.

„Die Hausaufgaben konnte sie
nicht machen.

Ihr Papa hat nämlich Kaffee
über das Hausaufgabenheft
gegossen.

Und der Hamster
hat am Heft geknabbert.

Danach hat Meckers Mama
aus Versehen
Butter auf das Heft geschmiert.

Und sie hat das Butterheft
aufgefuttert.

Ganz und gar.

Und deswegen hat sie
keine Hausaufgaben.
Jawohl!"

Da ruft Nickel: „Bravo!"
Und Dicke Backe
wird vor Freude etwas rot.
Zum Schluss gibt Nickel
ihrer Klasse noch
jede Menge Hausaufgaben auf.
Danach ist der Schultag zu Ende.
Dem Teddy auf dem Lehrertisch
flüstert Nickel zu:
„Du, wir müssen gehen.
Herr Siemon wartet."

4. Kapitel

Nickel schließt die Klassentür
hinter sich.
Leise und schon weit entfernt
hört sie ihre großen Schüler:
„Wir wussten gar nicht,
wie anstrengend es
in der Schule ist."
Dazu lacht Nickel zufrieden.
Zusammen mit Teddy Zottel
geht sie durch den langen Flur

mit den vielen Türen.
Sie weiß:
Hinter jeder Tür kann sie
einen Wunsch ausprobieren.

Herr Siemon kommt Nickel
entgegen.
Er lächelt und fragt:
„Wie war es in der Schule?"
„Na ja", antwortet Nickel.
„Der Direktor war zuerst
ein bisschen doof.
Aber später
hat er sich Mühe gegeben.
Frau Rolf und Frau Merkel
haben sich auch
ziemlich viel Mühe gegeben."
Nickel überlegt und sagt dann:
„Weißt du, Herr Siemon,
vielleicht hat mich Frau Merkel
heute Morgen ja nur aus Versehen
so ungerecht angemeckert.
Ich frage sie morgen einfach mal."

„Gute Idee", sagt Herr Siemon.
Dann erzählt er,
dass Nickels Eltern
und der große Bruder
vom Einkaufen zurück sind.
Und deswegen will Nickel
schnell in ihr Zimmer.

Sie gehen bis zur Wand.
„Du weißt ja, einmal schnippen",
sagt Herr Siemon.
Nickel schnippt.
Sofort öffnet sich
die geheime Tür in der Tapete.
Herr Siemon sagt:
„Tschüss, Nickel.
Und besuch mich bald wieder!"
„Ist doch klar",
verspricht Nickel.
Im nächsten Augenblick
liegen Nickel und Zottel
auf dem Hochbett,
und Nickels Papa
kommt ins Zimmer.
Nickel steigt
die Leiter am Bett hinunter.

„Was hast du gemacht?",
fragt Papa.
„Verrate ich nicht",
sagt Nickel.
„Aber ich möchte was
von dir wissen:
Wie wärst du als Lehrer, Papa?"
„Hm", macht der.

„Also, wenn du
meine Schülerin wärst,
würde ich ..."
Nickel unterbricht ihn.

132

„Ich weiß was Besseres.
Du bist mein Schüler, Papa.
Da bringe ich dir zuerst bei,
dass du mir immer
das größte Stück Braten gibst.
Außerdem sollst du
meine Schularbeiten machen.
Meine Schuhe
musst du auch putzen, klar.
Und am Abend
sollst du mich fragen:
‚Liebe Nickel, was möchtest du
im Fernsehen angucken?‘ “
Die beiden stehen voreinander
und lachen.
Plötzlich hören sie
Mama und Daniel in der Küche.
„Oh!“, sagt Papa.

„Komm, wir helfen den beiden!
Dann gibt es schneller
Mittagessen.
Du hast doch Hunger, Nickel?"
„Ja", sagt sie,
„und Zottel auch."
Und dann gehen sie zusammen
in die Küche,
Papa, Nickel und Zottel.

*Eine Geschichte
für Erstleser*

**Das Geheimnis des
Mammut-Amuletts**
978-3-401-70947-5

**Ein Fall für
die Geisterjäger –**
Monsteralarm!
978-3-401-71186-7

**Detektivbüro
Eulenauge –**
Willi Watsons erster Fall
978-3-401-70917-8

**Gefahr am
Schlangenfluss**
978-3-401-70647-4

Jeder Band: Ab 6 Jahren • Eine Geschichte für Erstleser • Durchgehend farbig illustriert
56 Seiten • Gebunden • Format 15,9 x 21,1 cm

Bücherbärfigur
Lesebändchen

Eine kleine Geschichte in kurzen
Kapiteln für das erste Lesejahr

Klare Textgliederung

Große
Fibelschrift

Eine ideale Wärmflasche

„Ist Kurt nicht erst heute Nacht
von seiner großen Reise
zurückgekommen?", fragt Ida.
„Da hat er bestimmt keine Lust
auf Überraschungs-Besuch."
„Aber SuKo Plüsch geht vor!",
hält Lou dagegen.
„Wo war Kurt überhaupt?"

„Irgendwo in Afrika",
erklärt Willi.
„Er hat seinen Freund besucht,
Silver, den Berggorilla.
Und er bringt von dort
immer ein paar schöne Dinge mit
für seinen Krimskrams-Laden."

38

39

Innenseite aus »Detektivbüro Eulenauge«
978-3-401-70917-8

Für geübte Leseanfänger ist eine längere durchgehende Geschichte genau
das Richtige! Mit der großen Schrift, den kleinen Kapiteln und den vielen farbigen
Bildern macht das erste Lesen viel Spaß.

In Zusammenarbeit mit
westermann

Kleine Geschichten

Lustige Tiergeschichten
978-3-401-71185-0

Kunterbunte Kinderwitze
978-3-401-70797-6

Lustige Dinogeschichten
978-3-401-70563-7

Spannende Ponygeschichten
978-3-401-70906-2

Jeder Band: Ab 6/7 Jahren · Kleine Geschichten · Durchgehend farbig illustriert
48 Seiten · Gebunden · Format 15,9 x 21,1 cm

Mit Bücherbärfigur am Lesebändchen und Fragen zum Leseverständnis

Zeilentrennung nach Sinneinheiten

Sehr einfache Textgliederung für das erste Lesejahr

Große Fibelschrift

„Gut, dass du uns gerufen hast",
sagt Sandor.
„Diese Zeichnungen
sind sehr wertvoll für uns.
Sie zeigen uns den Pfad,
den die Mammutherde
nehmen wird."
Und Elgor ergänzt:
„Siehst du das, Rion?
Wenn die Blätter der Bäume
ihre Farbe wechseln,
werden die Mammuts
zum großen Fluss ziehen."

Am Abend sitzen alle
um das Feuer herum
und machen Pläne.
„Wir müssen
ein Mammut erlegen",
sagt Sandor.
„Dann haben
unsere Frauen und Kinder
viele Monde lang
genug zu essen."
„Aber ich kann kein Blut sehen",
sagt der faule Kerk.

Hoher Illustrationsanteil

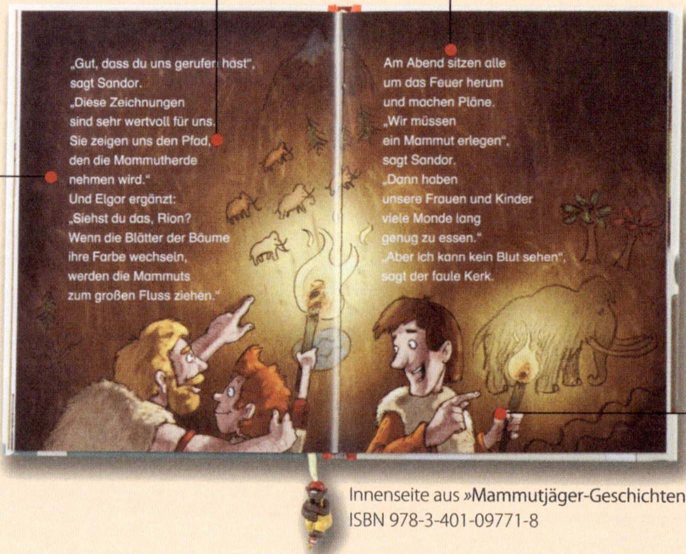

Innenseite aus »Mammutjäger-Geschichten«
ISBN 978-3-401-09771-8

Die kurzen Geschichten rund um ein beliebtes Thema sind besonders gut zum allerersten Selberlesen geeignet. Durch die klare Textgliederung und die vielen farbigen Illustrationen ist das Lesen ganz leicht.

In Zusammenarbeit mit
westermann

Hexe Lilli
für Erstleser ab 6

1. Klasse
Der Bücherbär

 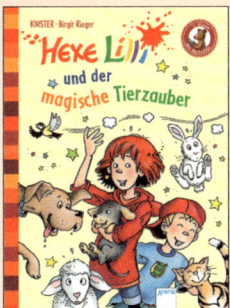  

Hexe Lilli. Ein zauber-haftes Schulfest
978-3-401-71180-5

Hexe Lilli und der magische Tierzauber
978-3-401-70941-3

Hexe Lilli und der Vampir mit dem Wackelzahn
978-3-401-71029-7

Hexe Lilli. Hilfe! Die Murze kommen!
978-3-401-70855-3

Jeder Band: Ab 6 Jahren • Hexe Lilli für Erstleser • Durchgehend farbig illustriert von Birgit Rieger
Gebunden • Format 15,9 x 21,1 cm

Zeilentrennung nach Sinneinheiten

Sehr einfache Textgliederung für das erste Lesejahr

Hexe Lilli Figur Lesebändchen

Hoher Illustrationsanteil

Große Fibelschrift

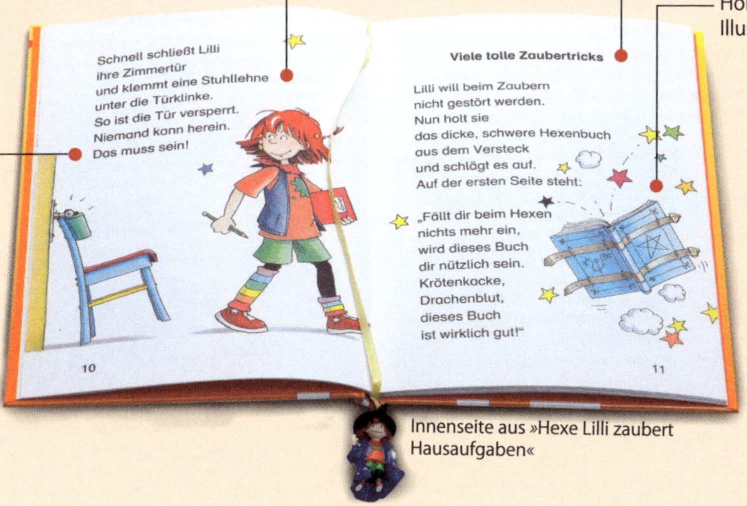

Schnell schließt Lilli
ihre Zimmertür
und klemmt eine Stuhllehne
unter die Türklinke.
So ist die Tür versperrt.
Niemand kann herein.
Das muss sein!

Viele tolle Zaubertricks

Lilli will beim Zaubern
nicht gestört werden.
Nun holt sie
das dicke, schwere Hexenbuch
aus dem Versteck
und schlägt es auf.
Auf der ersten Seite steht:

„Fällt dir beim Hexen
nichts mehr ein,
wird dieses Buch
dir nützlich sein.
Krötenkacke,
Drachenblut,
dieses Buch
ist wirklich gut!"

10

11

Innenseite aus »Hexe Lilli zaubert Hausaufgaben«

Für geübte Leseanfänger ist eine längere durchgehende Geschichte mit Hexe Lilli genau das Richtige! Mit der großen Schrift, den kleinen Kapiteln und dem spannenden Lesestoff gelingt das erste Lesen so einfach wie durch Zauberei.

In Zusammenarbeit mit
westermann